EL BONSAI

GIOVANNI GENOTTI

SERIE ORO dve DE VECCHI

Con la colaboración de CARLO GENOTTI
Dibujos: LUCA NEGRETTI
Fotografías: ISACCO FORMENTINI (pp. 8, 11, 12, 16, 17, 18, 24, 25, 30, 41, 43, 44, 45, 46, 47, 48, 49, 50, 51, 52, 53, 54, 55, 56, 57, 58, 59, 60, 61 y 62)
A B ANTONIO BUZZI (pp. 9, 19, 26, 32 y 42)
WALTER BAUDUCCO (pp. 22, 23, 27, 28 y 29)

Editorial De Vecchi, S. A.
Balmes, 247. 08006 BARCELONA
Depósito legal: B. 16.540-1990
ISBN: 84-315-0822-1
Impreso en España por
LIMPERGRAF, S. A.
Calle del Río, 17. Nave 3
Ripollet (Barcelona)

Sumario

INTRODUCCIÓN

El origen más probable del bonsai es el *pen-sai* chino, que adquirió un significado religioso con la difusión de la cultura budista del Zen.

Esta corriente filosófica se basaba en eliminar el individualismo de las cosas y considerarla en cambio, parte de un equilibrio natural universal.

Los chinos observando la naturaleza percibieron que algunos árboles viejos expresaban su vitalidad logrando sobrevivir en las situaciones más adversas. De la observación de estos árboles obtuvieron una base para sus meditaciones, y empezaron a recogerlos y a cultivarlos en macetas.

La mayor parte de los bonsai chinos tienen una expresión particular: un tronco extremadamente atormentado del que surgen ramas jóvenes que se elevan, expresando la fuerza, la alegría, la voluntad de vivir de la planta.

El bonsai chino tiene, por lo tanto, dos zonas principales: el sufrido, atormentado y añoso tronco y la joven y vigorosa copa.

Los japoneses, confiados en las posibilidades y capacidades humanas, interpretan en forma distinta a los bonsai. Muestran la expresión del hombre.

Para mí el bonsai es, sobre todo, un amigo silencioso y fiel. Requiere cuidados particulares, educación, poda, abono y riegos. Se crea de esta forma una relación casi mágica entre el poseedor del bonsai y la planta e, inevitablemente, si observamos un bonsai podremos captar la personalidad y el carácter de quien lo ha educado y cuidado.

La esencia del árbol jamás puede ser olvidada para poder conservar el carácter y el alma.

PARTES DE UN BONSAI

Pie

Se considera pie aquella parte de la planta que, partiendo de la superficie del terreno, se eleva unos cuantos centímetros antes de convertirse en tronco.

El pie ha de estar bien anclado, como el de una vieja planta. En los primeros años de crecimiento tiene suma importancia el *cepellón*, o raíz principal, que le permite sujetarse a la tierra. Con el paso de los años, las raíces laterales adquieren preponderancia sobre el cepellón, que pierde su función original para adquirir la absorbente o atrofiarse.

Es posible engrosar la base del pie y las raíces laterales si empleamos determinadas técnicas.

En las plantas jovencísimas, de semilla, se elimina pronto el cepellón, pellizcándolo apenas formado. Eso permite el desarrollo de las raíces laterales que, por naturaleza, se subdividen más que el cepellón y pronto se convierten en absorbentes. A la planta, por lo tanto, no le faltarán las sustancias nutritivas necesarias para crecer sin problemas y, además, contará con unas raíces equilibradas.

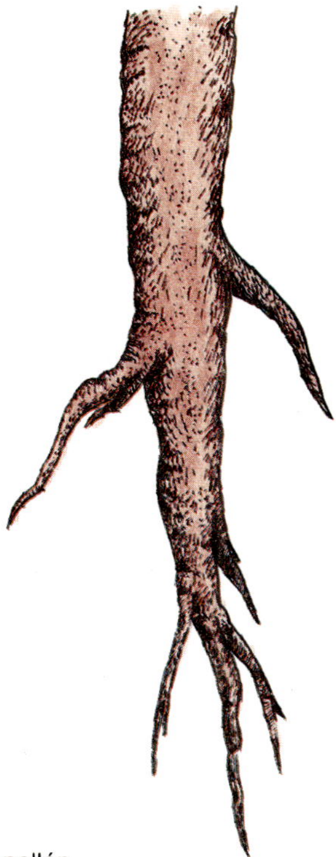

Cepellón

Cuando se parte de una planta que presenta un cepellón voluminoso debemos utilizar distintas técnicas.

La primera operación consiste en eliminar el cepellón y acortar las raíces gruesas, para que crezcan muchos capilares en los cortes efectua-

Corte alterno de las raíces

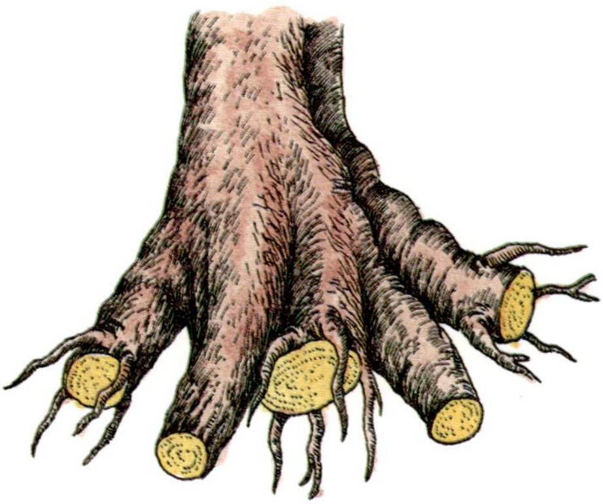

Segunda intervención efectuada el año siguiente

dos. El cepellón se corta en sentido oblicuo, mientras las otras raíces se cortarán en tiempos sucesivos.

El período más apto para el trasplante y las intervenciones en la parte hipogea es la primavera.

Cuando cortemos las raíces podaremos también la copa para así equilibrar la parte aérea con la subterránea. Una alternativa al corte del cepellón —operación bastante traumática— es la siguiente: se envuelve el cepellón en un hilo de cobre de unos 2-3 mm de diámetro, en forma de espiral muy apretada y con las vueltas muy cercanas. Muy pronto, durante el mismo año, las raíces que se quieren eliminar serán ahogadas y sofocadas por la espiral, ya que la linfa descendente disminuye poco a poco su flujo hacia la parte inferior al estrangulamiento, acumulándose, en cambio, por encima del obstáculo.

Con esta intervención engrosará el cuello y se facilitará la emisión de nuevas raíces, mientras las raicillas ya presentes encima del estrangulamiento adquieren fácilmente mayor volumen, y sustituyen al cepellón, que así puede ser eliminado sin traumas.

Tronco

El tronco ha de presentar una buena *conicidad*, pero mientras en un árbol que ha crecido libremente ésta se expresa entre 10 y 30 m de altura,

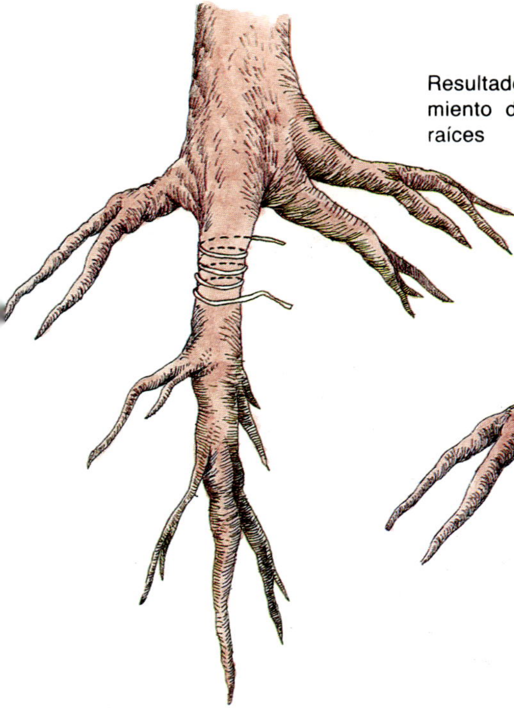

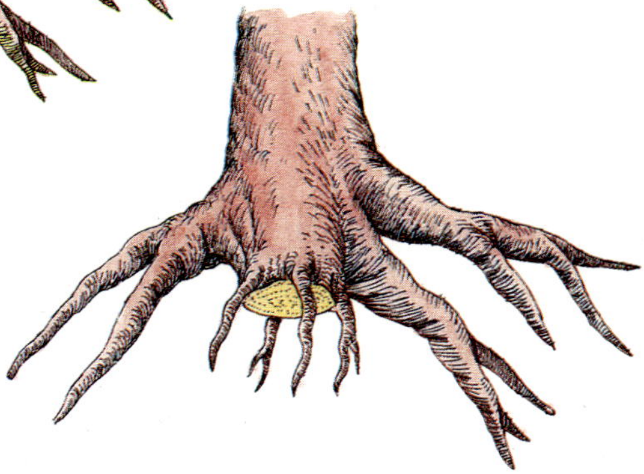

Resultados de la estrangulación: engrosamiento del cuello y emisión de nuevas raíces

en el bonsai se evidencia, por término medio entre 10 y 35 cm de altura.

La consecuencia es que la conicidad ha de ser exagerada. Si un bonsai se ampliara y tuviera su altura natural, probablemente presentaría un tronco extraordinariamente grueso. La conicidad evidente resulta muy valiosa. Con frecuencia se obtiene desmochando el árbol en el punto donde se encuentra una rama joven o una yema, desde el cual se reconstruye el ápice eliminado. Los desmochados evidentes, no enmascarados, son desagradables y antinaturales, y constituyen un grave defecto que no queda compensado con la adquisición de la conicidad.

La conicidad de las coníferas se obtiene también transformando la parte apical en *jin*.

Tratamiento y significado del jin

El *jin* es una parte muerta, blanqueada con polisulfuros de calcio y sulfato de cobre para impedir la putrefacción. Quien lo observa piensa inmediatamente que un grave trauma (un rayo, el hielo, el viento, la sequía) ha atacado al árbol en el curso de su larga vida y el árbol lo ha resistido. El *jin*, metafóricamente, se interpreta, como el alma de la parte muerta, que continúa existiendo. Es conveniente que el *jin* se halle situado en forma visible y, por lo tanto, dirigido frontalmente.

Alerce (*Larix decidua*). Altura 85 cm en maceta ovalada no esmaltada (foto de I. Formentini)

Pino pentaphilla (*Pinus pentaphilla*). Altura 50 cm en maceta rectangular gris no esmaltada. Hierba de compañía: senecio (*Senecio incanus*) (foto I. Formentini)

Enebro (*Juniperus pungens*). Altura 60 cm en tiesto rectangular no esmaltado. (foto de A. Buzzi)

Corteza

La corteza de un bonsai ha de corresponder a la misma que tiene en la naturaleza. Por ejemplo, la de las coníferas, con la excepción de los enebros, es rugosa y agrietada, mientras la de las hayas es lisa y turgente.

El aspecto rugoso se obiene con torsiones primaverales e incisiones otoñales o invernales, hechas correctamente con la punta de un cuchillo. El estrangulamiento llevado a cabo con espirales de hilo, a lo largo del tronco, produce incisiones antiestéticas, que pueden ser camufladas por medio de grietas o cortes sobre la corteza.

Para las caducifolias cuya corteza es lisa (abedules, hayas, carpes, arces), las intervenciones son muy difíciles. Sólo un equilibrado abono con sales de fósforo y potasio permiten conseguirlo. Las intervenciones drásticas sobre las caducifolias resultan muy evidentes y antinaturales.

Ramas

Es interesante la posición de las ramas en los árboles en los que aparece una rama principal: la *primera rama* más gruesa, situada en la parte de

Tronco antes de la operación

Tronco después de las incisiones superficiales

Al lado (fig. 8) Enebro (*Juniperus pungens*). Altura 10 cm en recipiente «desbocado» no esmaltado (foto I. Formentini)
Abajo: Pino pentaphilla (*Pinus pentaphilla*). Altura 40 cm en maceta triangular. Hierba de compañía: calaminta (*Calamintha alpina*) en tiesto ovalado (foto de I. Formentini)

Pino (*Pinus thumbergii*, variedad con corteza). Altura 35 cm en maceta ovalada no esmaltada. Hierba de compañía: tomillo (*Tymus vulgaris*) (foto de I. Formentini)

abajo, tendría que nacer aproximadamente a los dos tercios de la altura del árbol y estar situada a derecha o izquierda del espectador; la *segunda rama* se encontrará, aproximadamente, a dos tercios de la parte restante, opuesta a la primera; la *tercera rama*, en cambio, estará dirigida hacia la parte posterior, para dar profundidad. Las ramas superiores pueden presentar una posición menos regular, pero, en cualquier caso, serán de menor tamaño que las precedentes.

La posición de las ramas es homogénea a la del tronco: un tronco recto requiere ramas rectas, un tronco curvado quiere ramas sinuosas.

Ninguna rama ha de aparecer curvada en forma horizontal hasta el punto de pasar delante del tronco en la dirección de quien la observa.

La curvatura en arco de la rama es extremadamente antinatural, poco estética y debe descartarse.

A la conicidad del tronco ha de corresponder la conicidad de las ramas; el engrosamiento de la base de estas últimas se obtiene si se pasa el alambre de cobre de educación en forma que frene la linfa elaborada

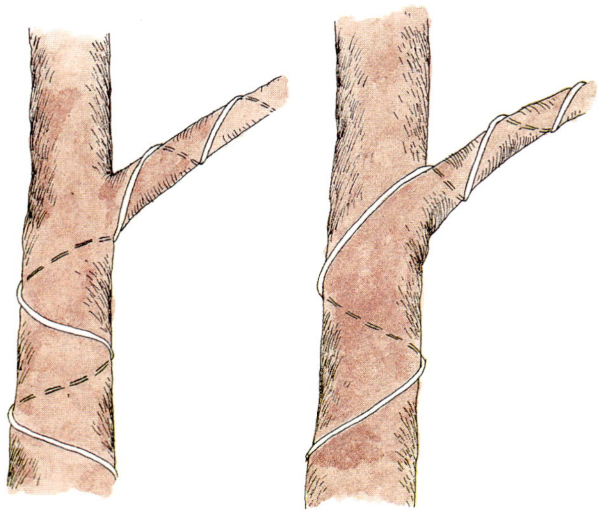

Distintas posiciones del alambre de cobre para educar las ramas

dirigida hacia abajo, mientras si sólo se desea darle una posición distinta, se le puede envolver pasando el alambre por la parte superior.

Si la forma de la rama principal es sinuosa, las ramas deben situarse en la parte exterior de la curvatura del tronco y no en el interior, salvo en el caso de que se dispongan así para simular un árbol abatido por el viento.

Todas las buenas reglas hasta aquí expuestas son importantes, pero no determinantes. Quien las observe rigurosamente jamás hará un bonsai feo, pero se arriesga a construirlo sin personalidad y sin alma.

Observando el árbol desde arriba las ramas no deben de superponerse, para que toda la fronda quede iluminada, su posición deberá reproducir una hipotética hélice. Además, la proyección vertical de la copa sobre la tierra debe de recordar, vagamente, dos semicircunferencias, de las que la más pequeña, obtenida por la sombra de la parte apical, ha de hallarse dirigida hacia el observador.

El árbol debe de presentarse como inclinado hacia quien lo mira, para recrear la ilusión óptica del individuo que, acercándose hacia un gran árbol primero observa la base, después eleva la mirada y efectúa con la cabeza un movimiento semicircular. El árbol debe de curvar de manera armoniosa para hacerse observar.

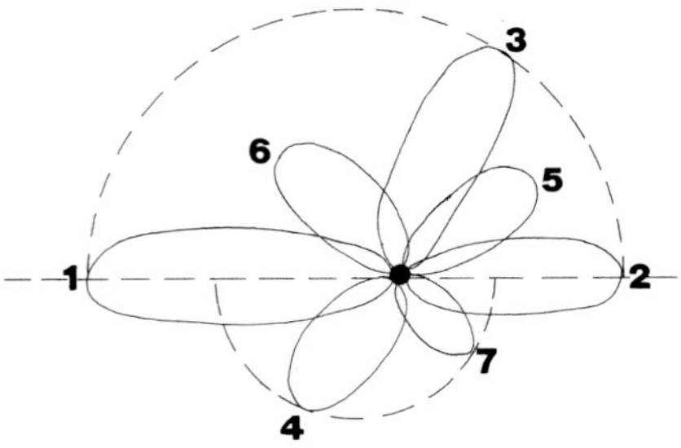

Disposición de la fronda vista desde arriba

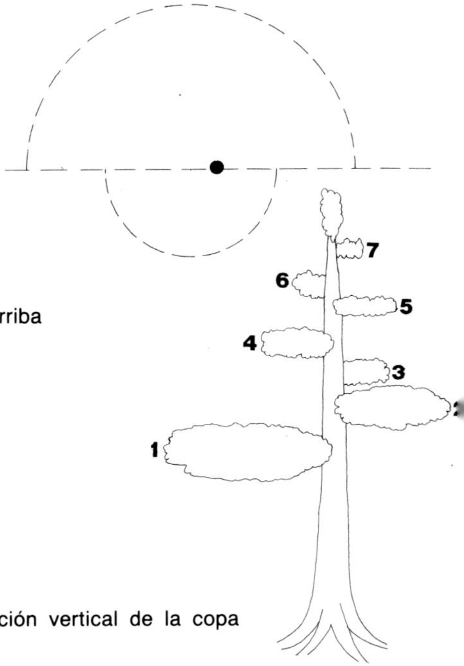

Proyección vertical de la copa

Hojas

Un aspecto verdaderamente fascinador de la técnica bonsai es la miniaturización de las hojas. De hecho, es muy importante la proporción entre la altura del bonsai y el tamaño de las hojas.

El momento más indicado para la desfoliación total o parcial para las fuertes plantas caducifolias y, en forma particular, para los zelkove y arces tridentados, corresponde a los meses de mayo y junio.

Con esta técnica es posible hacer vivir a la planta una nueva primavera. Se detiene brevemente el crecimiento de la planta y se obtiene un aspecto más añejo.

La miniaturización es una meta muy ambicionada por el amante del bonsai y, especialmente, por quienes cuidan bonsais de 30-40 centímetros de altura.

En los bonsai de dimensiones medias, de hecho, las hojas pequeñas resultan más proporcionadas y el aspecto de árbol resulta más natural y armonioso.

La eliminación de las hojas se lleva a cabo en dos o tres fases, por regla general, y puede ser total o parcial. Se efectúa solamente si la planta es vigorosa y se puede repetir dos o tres veces en el curso del año. Como primera operación es conveniente despuntar las ramas más bajas, con las tijeras cortaremos el limbo foliar y dejaremos el pecíolo aún sujeto a la rama, de forma que no resulten perjudicadas las yemas axilares, aún «dormidas».

Los pecíolos, privados de la lámina, caerán automáticamente cuatro o cinco días más tarde.

La parte superior de la planta no ha de ser despojada inmediatamente de sus hojas; de esta forma, el mal que se le produce es menos violento. Se procederá a la operación únicamente seis o siete días después. En la parte superior se acortarán las ramas, incluso en una forma drástica, porque, debido al dominio apical, por regla general son más largas y vigorosas y vegetan más que las situadas en la parte baja del tronco. Si efectuamos la defoliación en dos tiempos facilitaremos el desarrollo de la parte inferior, mientras las yemas de la parte superior disfrutarán de escasa actividad.

La técnica para obtener hojas pequeñas lleva implícito, también, un aumento de la frondosidad de la ramificación; por lo tanto la intervención se ha de efectuar sobre un árbol joven y sano; en efecto, si se lleva a cabo en un árbol viejo y que hace tiempo que no ha sido cambiado de tiesto, puede ocasionar la pérdida de las ramas.

Es importante saber que una miniaturización lleva, por lo general, a una detención en el crecimiento, aunque confiera un aspecto añejo, y es aconsejable hacerla sobre árboles ya estructurados que no exijan ya grandes intervenciones y estén dirigidas al equilibrio de una planta adulta.

Es también desaconsejable despojar de hojas a la planta varias veces seguidas (a principios de junio y de agosto), o únicamente una vez al año, cuando ésta ya se encuentra en un tiesto de bonsai, porque nos ariesgamos a debilitar demasiado el árbol y a alterar su equilibrio nutritivo.

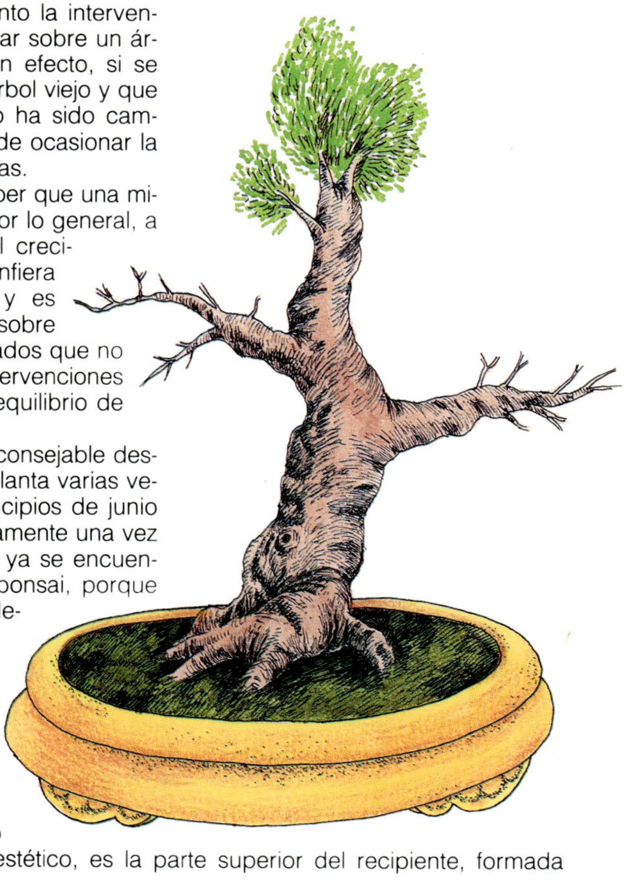

Sotobosque

Muy importante, y no sólo en el aspecto estético, es la parte superior del recipiente, formada

Evónimo (***Euonymus alata***). Altura 50 cm en maceta azul esmaltada opaca. Hierba de compañía: *Iris germanica* (foto I. Formentini)

Olmo (*Ulmus campestris*). Altura 40 cm en maceta azul ovalada (foto I. Formentini)

por brezos podados, musgos y saxifragas de distintos tipos, pequeños helechos y líquenes. Especialmente los líquenes son muy exigentes, necesitan un soporte de tierra y un microclima particular. Su presencia indica un terreno bien equilibrado y correcto y un ambiente no infectado. Este «sotobosque» debe formarse y mantenerse en el tiempo.

Recipiente

Debemos prestar una atención especial a la elección del tiesto o recipiente. Los japoneses los colocan a la intemperie, para darles una pátina de antiguos. En efecto, resulta poco grato un árbol viejo en un contenedor nuevo. Existen unas reglas generales que no se han de olvidar; pero lo más importante es el gusto artístico del cultivador del bonsai.

Las coníferas exigen tiestos no esmaltados. El único tiesto o recipiente esmaltado aceptable para algunas de ellas, como por ejemplo, el *Cedrus atlantica glauca*, podría ser uno azul oscuro. Las caducifolias, en cambio, por regla general se adaptan a todo tipo de recipientes.

Olmo (*Ulmus campestris*). Altura 40 cm (foto I. Formentini)

Color

Hay algunos colores que contribuyen a resaltar las características de las distintas especies: el color *gris-azul-ceniza* o el *azul-noche* opaco exaltan el tronco gris de las hayas o de los manzanos; el *verde* es en extremo agradable para los albaricoques y los ciruelos, el *azul-fuerte*, no demasiado intenso, es bello para las hojas otoñales amarillo-amarronadas de las zelkovas o para las amarillo-verde de los robles; el *azul* hace resaltar la floración de la forsicia o las rojas bayas del Cotoneaster; el *verde pálido* hará aparecer más delicados los olmos y la rica floración de los cerezos y del espino albar; en cambio el *beige claro* no contrasta jamás con el color de las hojas, de las flores o de los frutos.

Forma

La forma indicada para todo tipo de copa es la ovalada, no excesivamente profunda. Se ha de tener presente, sin embargo, que las copas triangulares o rígidas exigen recipientes de *ángulos vivos*, las copas redondeadas, tiestos ovalados o de *aristas redondeadas*. El tiesto redondo es preferible para los bonsai que no tienen un frente decidido. Con frecuencia se utiliza para plantas de flor, cuya drástica poda anual modifica el

Bignonia (*Bignonia capensis*). Altura 30 cm en maceta cuadrada azul (foto de I. Formentini)

ángulo de observación que, en un recipiente rectangular u ovalado resulta fijo. Para los bosquecillos, el recipiente debe ser siempre *ancho* y poco profundo. Son verdaderamente bellísimos los bosquecillos dispuestos sobre lajas de piedra. La longitud del recipiente ha de estar relacionada con la altura de la planta y debería corresponder a unos dos tercios de ella. Análogamente, la *profundidad* del contenedor deberá tener en cuenta las dimensiones del tronco: troncos gruesos requieren tiestos profundos y macizos, mientras que para los de pequeño diámetro son adecuados los recipientes delgados y anchos, para no dar pesadez al conjunto.

Los bonsais tendidos exigen, por lo general, recipientes amplios, poco profundos y poco destacados, para exaltar, en forma adecuada, el aspecto de la planta.

Las cascadas y los bonsais postrados exigen recipientes hondos para dar estabilidad al conjunto.

Manzano (*Malus crabapple*).Altura 60 cm en una maceta china pintada. Ejemplo particular, no siempre realizable de unión de una planta en flor con una maceta pintada (foto de AB A. Buzzi)

LOS ESTILOS

Los japoness han codificado las reglas que, como las del ike-bana definen las características de algunas formas de bonsai. De esta manera han aparecido los estilos. Cada uno de ellos responde a unas reglas fijas y determinadas que, sin embargo, los grandes maestros interpretan de forma personal.

Muchos libros explican las reglas, pero no explican ninguna en forma exhaustiva. Las ilustraciones que aparecen se refieren, casi exclusivamente, al desarrollo del tronco. Quien se atiene a los rígidos cánones se convierte en un técnico y no en maestro de bonsai: la perfección técnica corre el riesgo de privar a un ser viviente de su alma.

Erecto formal (*Chokkan*)

Este estilo es característico de aquellas plantas que crecen en climas templados y que se resienten poco del cambio alternante de las estaciones. La planta no tiene competidores en su vecindad y asciende, fuerte y recta, hacia el cielo. Este estilo es la fuerte expresión de un árbol vigoroso. Se utiliza con frecuencia para las coníferas, mientras se emplea menos en las caducifolias.

En escoba (*Hoki-zukuai*)

La copa está formada por varias ramas que salen contemporáneamente del mismo punto del tronco, generalmente alrededor de un tercio de la altura total del árbol.

Veamos la técnica. Se planta un olmo en la tierra o en un tiesto grande y se le deja crecer durante algunos años, hasta que el tronco alcance el diámetro deseado. En la primavera se extrae el árbol, se cortan las raíces gruesas, se tratan las heridas con hormonas que favorezcan el crecimiento de nuevas raíces; se efectúa, a continuación, un corte cóncavo en el tronco, a la altura deseada. Se trata también esta herida con las mismas hormonas (no aconsejo ceras de injerto u otros productos, porque forman una capa hidrorrepelente e impiden un normal desarrollo de las células cicatrizantes).

Se encierra la parte superior del tronco con un anillo de cartón de unos 10 cm de altura, rígido, abierto en la parte superior y que sobrepase entre 5-7 cm la altura del corte.

Se planta el árbol en una pequeña maceta, con tierra muy arenosa y se entierra en el jardín o en otro recipiente de mayor diámetro. Es indispensable plantarlo en un tiesto pequeño para que se desarrolle un espeso sistema radical próximo a la base del tronco y para impedir que de nuevo se formen raíces gruesas. Como se ha eliminado la copa, el corte de las raíces no perjudica la vida de la planta.

Esta situación se prolongará un mínimo de dos años, antes de trasplantar el árbol a un tiesto mayor o a la tierra, para activar su crecimiento.

Entre tanto la planta tenderá a regenerar la copa; se suprimirán todos los brotes que crezcan a lo largo del tronco, solamente dejaremos los que forman las células de recambio de la cicatriz.

Esquema de árbol «en escoba»

Corte cóncavo del tronco y de las raíces

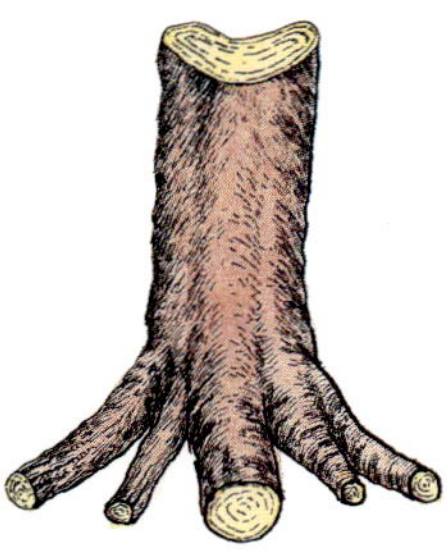

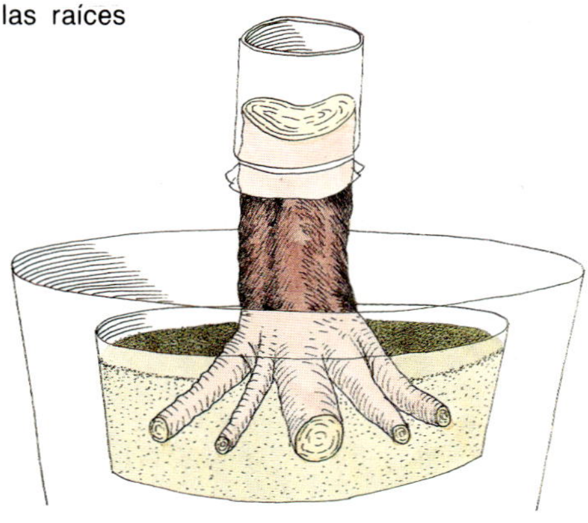

Cuando en mayo los brotes aparezcan por encima del tubo, éste será eliminado. Se dejarán crecer todas las yemas que se hayan formado en el corte; el crecimiento obligado de los jóvenes brotes en el borde de la cicatriz cerrará la herida.

En agosto, en la pausa veraniega, se seleccionarán los brotes que habrán de formar las ramas principales de la copa.

Bastará, después, podar a continuación, y si la planta se encuentra en plena tierra, en poquísimos años (tres o cuatro) se obtendrán espléndidas ramificaciones, que más tarde se equilibrarán en un recipiente de bonsai.

Erecto informal o casual (*Moyogi*)

Este estilo es propio de las plantas que viven en zonas con notables alteraciones térmicas entre el verano y el invierno. Los traumas y las torsiones sufridas a causa de las inclemencias del tiempo dejan sus marcas en el tronco del árbol que, difícilmente, será recto, y presentará una sinuosidad más acentuada en la parte inferior del tronco. Una forma más o menos curvilínea se desarrollará en todas las direcciones posibles y no sobre un solo plano.

Todas las coníferas, pero también otras plantas, pueden ser educadas de esta forma. Tampoco la posición de las ramas es rígida. Es importante que las ramas gruesas se hallen próximas a la base y, de ser posible, al exterior de una curva del tronco.

Enebro de vivero (foto de W. Bauducco)

Enebro impostado
de 15 cm
(foto de
W. Bauducco)

La aparente libre naturaleza de este estilo hace que ninguna planta se repita en la misma forma; con frecuencia permite exaltar la expresividad de algunos árboles, sin artificio o fría técnica, y utilizar también plantas insignificantes para educarlas como bonsai.

Árboles golpeados por el viento (*Fukinagashi*)

La interpretación de los bonsai de este estilo se realiza en dos formas diversas:

- Una expresión es dada por el tronco que, formando un ángulo máximo de 60° con la superficie del terreno, se encuentra inclinado hacia el mismo lado que las ramas. La forma triangular de la copa resulta muy evidente y los lados del triángulo están representados por la línea del tronco, por la primera rama importante (la primera de la parte inferior) y por la línea que sigue las cimas escalonadas de las ramas (ver dibujo a).
- Es posible otra interpretación si oponemos a la dirección del viento la línea del tronco. Como protegidas por el tronco, algunas ramitas salen contra el viento, pero no pasan de la vertical del ápice reducido a *jin*.

Gingko (*Gingko bilata*). Altura 50 cm en maceta oval bombeada no esmaltada. Hierba de compañía: *Iris germanica* (foto de I. Formentini)

Árboles golpeados por el viento

Cedro atlántico (*Cedrus atlantica*). Altura 55 cm en maceta azul rectangular. Hierba de compañía: *Sedum album* (foto I. Formentini)

La triangularidad de la copa es siempre muy evidente y el triángulo que la delimita está representada por la perpendicular al suelo, llevada desde la cima del árbol, por la línea de las dos ramas opuestas principales y por el segmento imaginario que toca los extremos de las ramas dirigidas a la dirección del viento (ver dibujo b).

Árboles postrados (*Han-kengai*)

Es frecuente que los árboles que crecen en las zonas frías adquieran una postura postrada.

Las especies que se adaptan mejor a ser educadas en esta forma son algunas variedades de coníferas; en forma especial los enebros, pero también algunas caducifolias (glicinas, avellanos, Cotoneaster). En el estilo postrado el ápice y la base del tronco se encuentran en la misma línea horizontal, paralela al terreno. Colocaremos el árbol en un recipiente bastante profundo, que puede ser hexagonal, cuadrado o redondo.

Rododendro (*Rhododendron azalea*). Altura 48 cm en maceta ovalada no esmaltada (foto de AB A. Buzzi)

Árboles en cascada (*Kengai*)

Este estilo no es muy natural, dado que el árbol se desarrolla hacia abajo. Generalmente en la base del árbol se desarrollan chupones que, en una segunda fase, crean un ápice nuevo.

Distintas interpretaciones de árboles en cascada

Enebro de estilo postrado, ya colocado en posición en maceta bonsai. Tras la impostación mide 8 cm de alto y 25 cm de ancho (foto de W. Bauducco)

Lantana (*Lantana camara*). Altura 40 cm en maceta redonda azul (foto de I. Formentini)

Árboles en grupo

Existen diversas maneras de agrupar las plantas. Su número, si no es excesivamente alto, es preferible que sea impar. Los números recurrentes que representan los troncos son, por lo tanto, 3, 5, 7, 9, 11, 13. Existen también creaciones con sólo dos plantas; se llaman gemelos (*soju*) si son de una altura más o menos semejante; madre e hija o padre e hijo (*sokan*), según el tipo (caducifolia o conífera), si tienen edades distintas.

Los árboles de varios troncos que parten de una sola raíz son en cepa o en gabarra (*kabudachi* o *ikadobuki*). En la cepa los troncos, desiguales, parten del mismo punto, es decir, tienen un solo pie. En la gabarra los árboles se separan de un tronco-raíz que serpentea sobre el terreno.

Las plantas separadas se estructuran en bosquecillo o en selva (*yoseuye*); el recipiente es siempre bajo y ancho, y también puede ser una laja. Cuanto más numerosos sean los troncos menor será el número de ramas, hecho dictado por la exigencia de hacer vivir muchas plantas en

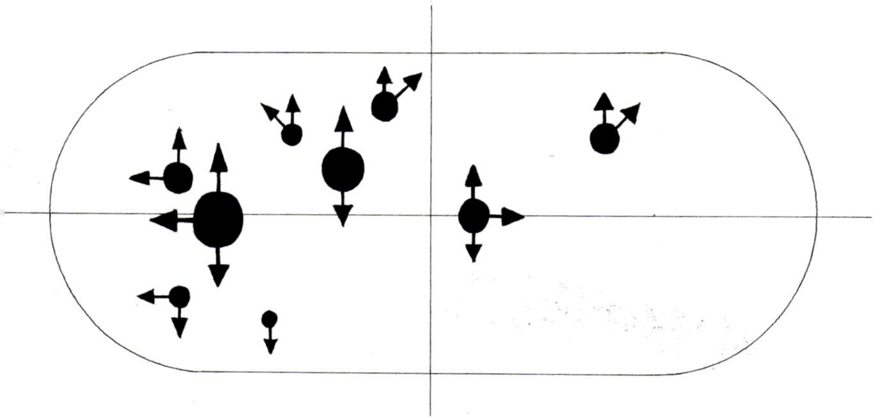

Bosquecillo visto desde la parte superior. Las flechas indican la dirección de las ramas.

Bosquecillo de Cotoneaster de 25 cm de altura (foto W. Bauducco)

Criptomeria (*Criptomeria japonica*). Altura 35 cm. Bosquecillo sobre losa (foto I. Formentini)

un pequeño recipiente. La operación requiere una drástica poda de las raíces, que debe equilibrarse con una análoga poda de la copa.

Dar naturalidad a esta creación resulta bastante difícil. Con frecuencia se ha de intentar durante años y años.

Hierbas acompañantes y piedras

Ofrecer un ambiente adecuado a un bonsai significa también no considerarlo separado de su mundo, sino insertarlo en él y en sus elementos más característicos.

Un bonsai adquiere gracia y poesía, tanto por la cornisa del recipiente como por algunos elementos que con él se pueden conjugar, como por ejemplo, mesitas, determinados recipientes llenos de arena, delgadas tiras de corteza de troncos sobre las que se apoyan las macetas. También son muy importantes los elementos paisajísticos como las hierbas y las piedrecillas.

Los tiestos para las hierbas de compañía suelen ser pequeños, poco profundos, ovalados, rectangulares o redondos, siempre esmaltados. Su color varía del azul-ceniza al verde claro, del beige al azul oscuro.

Entre las hierbas de compañía he aquí algunas de particular importancia.

• **Festuca glauca** (*Festuca ovina*). En tiesto pequeño, rectangular o cuadrado, de color beige no homogéneo o azul-roca, da belleza a un fuerte pino en una maceta no esmaltada.

• **Genciana** (*Gentiana kolchiana*). En tiesto beige o azul, con su colorido, también azul, anima un bosque de hayas o reaviva la sombra de un castaño.

• **Luzola** (*Luzola nivea*). En una maceta ovalada verde con sus penachos plateados y las hojas con una ligera borra en los bordes, da un óptimo ambiente muy adecuado a distintas caducifolias.

• **Tomillo** (*Thymus **serpyllum*** o *Thymus vulgaris*). Sobre una laja; la planta acompaña, en forma execpcional con sus flores rosadas a un poderoso alerce que se alza en una maceta gris natural.

• **Helecho** (*Ceterach officinale*). En un recipiente azul o verdoso, con sus delicadas hojas proporciona naturalidad a la floración de una azalea.

• **Fresa** (*Fragaria vesca*). En tiesto bajo, redondo u ovalado, azul o beige combina, en forma perfecta, con un bosque de olmos o zelkove.

• **Saxifraga** (*Saxifraga paniculata* o *Saxifraga rotundifolia*). En recipientes ovalados o redondos, verdes o azules, ambienta en forma óptima a las coníferas.

• **Cala o Lirio de agua** (***Iris*** *germanica*). Miniaturizada, en pequeños recipientes rectangulares, azules y bajos, forma una poética combinación con el pino *pentaphylla* y confiere al conjunto una imagen de fortaleza.

• **Siempreviva** (*Sedum album*). Su rusticidad le permite vivir en las rocas y acompañar dignamente bosques de abetos.

• **Amapola perenne** (*Papaver alpinum*). De hojas azuladas y flores alegres por su forma y su color, de largo y delicado tallo, en un recipiente ovalado o redondo, azul-ceniza, acompaña elegantes enebros tendidos y también a las hayas o se contrapone a un macizo bonsai de coníferas.

• **Artemisa** (*Artemisa cemidata* o *Artemisia canescens*). De color gris resalta bien en una maceta azul; es elegante y se ajusta bien a los bonsais de copa oscura, contrastando con su color. Armoniza con hayas, olmos y arces.

• ***Sisyrinchium bermudianum***. De hojas lanceoladas es un amigo que embellece poderosos árboles de manzano en la floración o en el momento mágico de la fructificación.

• **Geranio** (*Pelargonium*). Planta de características flores y hojas particulares, los geranios pueden ser ellos mismos bonsai y pueden acompañar, cuando no están en flor, a todas las caducifolias.

• **Menta** (*Mentha*). La diminuta menta rastrera da un buen ambiente a una selva de coníferas y perfuma muy gratamente.

Algunas piedras evocan, con su forma, paisajes fantásticos: torres de erosión, cadenas montañosas, suaves colinas, barrancos y horribles cañones. Son los saikei (de *sai* = roca y *kei* = agua).

Piedra calcárea transformada por los agentes atmosféricos, colocada sobre un soporte de madera de ébano. Recuerda un acantilado (foto AB A. Buzzi)

Piedra calcárea erosionada por las inclemencias del tiempo, sobre un soporte de madera de ébano (foto de AB A. Buzzi)

Estas piedras, como las hierbas de compañía, proporcionan a los bonsai una atmósfera particular y armoniosa. Generalmente se disponen en amplios recipientes, con agua y arena, sobre esterillas de bambú o especiales soportes de madera, según las estaciones.

INSTRUMENTAL Y PREPARACIÓN DEL TERRENO

Instrumental

Para la mejor realización de las operaciones sobre el árbol que se ha de estructurar, existe un instrumental bellísimo, perfecto, a veces difícil de usar por las personas no dotadas de habilidad manual.

Algunos de estos instrumentos son indispensables incluso para las primeras experiencias; otros podrán servir en una segunda fase, una vez adquirida la habilidad y pericia necesarias.

Los instrumentos que debe de poseer todo buen aficionado a los bonsai, son los siguientes:

- alicates de tamaño mediano de corte cóncavo o redondeado, para cortar las ramas y limpiar las cicatrices;
- tijeras de mango largo para podar los renuevos jóvenes o para suprimir hojas;
- tijeras de acero para podar las raíces;
- cuchillo para injertos para afinar los cortes, limpiar las cicatrices, preparar *jin*;
- sierra con mango para cortar ramas gruesas, raíces y cepellones;
- alicates para cortar el alambre metálico;
- pinzas para fijar el alambre metálico grueso.

La tierra para los bonsai

Mientras las técnicas del bonsai se pueden aprender correctamente porque entran en las comunes reglas de la jardinería, la preparación de la tierra es un problema que cada uno tiene que resolver personalmente, de acuerdo con el clima del lugar donde habita.

La composición de la tierra base puede ajustarse a los porcentajes expresados en la tablilla que se encuentra a continuación.

La *tierra de brezo*, al igual que la *tierra de bosque mixto*, es muy rica en potasio y está equilibrada, sobre todo en lo que hace relación con los microelementos.

Tierra de brezo	20-25 %	40 %
Tierra de bosque mixto	15-20 %	
Agujas de pino		20 %
Arena gruesa		20 %
Turba rubia (u hojas de haya en descomposición)		15 %
TOTAL		90-95 %

Las agujas de pino mantienen la acidez que el agua dura tiende a eliminar.

La arena gruesa confiere granulometría y facilita el paso del aire y del agua.

La turba mantiene la humedad.

El restante 5-10 % está constituido por ceniza de leña con pedacitos de carbón fragmentado, ganga ferrosa o limaduras de hierro, pieles de fruta seca, posos de café, polvo de cuero, corteza de pino y, en ocasiones, alguna cáscara de huevo fragmentada.

La *ceniza de leña* aporta todas las sales indispensables, mientras los *pedacitos de carbón* engloban aire y agua.

La *ganga ferrosa* y las *limaduras de hierro* aportan sales de hierro, fundamentales para la salud y belleza de la planta.

Las pieles de *fruta seca*, como el *polvo de cuero*, descomponiéndose, aportan humus y mejoran la estructura del terreno.

Los *posos de café* son ricos en potasio, que ceden lentamente.

Las *cáscaras de huevo* son ricas en calcio.

La tierra base, preparada en otoño o en invierno, se deja descansar durante varios meses y se divide en tres porciones:

— a la primera se le añade osmocote con microelementos a 360 días para las plantitas de pocos años, que aún tienen que crecer;
— la segunda, no modificada, se emplea para el trasplante de las caducifolias;
— a la tercera se le añade el 20 % de arena de río y se utiliza para las coníferas.

PLAGAS Y ENFERMEDADES

Cochinillas

Son insectos que profundizan sus estiletes bucales en los vasos linfáticos y se protegen superiormente con escudos de forma redondeada; algunos presentan, además, un ulterior revestimiento lanoso blanco. Son muy peligrosos sobre los enebros y las coníferas en general, porque cuando llega a percibirse su infestación, ésta se encuentra ya muy extendida. Para combatirla se emplean aceites blancos emulsionados que recubren, como una delgadísima película, el cuerpo del insecto y cierran las tráqueas; de esta manera los parásitos mueren por asfixia. Es conveniente no usar el aceite emulsionado en concentración elevada, porque podría cerrar los estomas de las hojas, impidiéndoles la respiración.

Aleurodidos

Se trata de «mariposillas» blancas que anidan bajo las hojas en las zonas mejor protegidas del sol. Repetidas desinfestaciones con insecticidas de amplio espectro y largo radio de acción logran ponerles freno. (No es fácil descubrirlas.)

Afidios

Son numerosísimos y de especies diversas; resulta fácil percibir su presencia, pero conviene evitar su desarrollo con tratamientos preventivos y desinfestaciones con productos específicos de amplio espectro. La operación se realiza a principios de la primavera, contra las hembras que nacen de los huevos que han hibernado.

Arañitas rojas

Se trata de ácaros que comparecen durante el verano, especialmente en las plantas protegidas del rocío. Atacan directamente a las células, de las que aspiran el contenido. El problema es de acusada gravedad en las coníferas, y de menor importancia en las caducifolias. Conviene prevenir la infestación; es preciso colocar por separado las plantas en zonas luminosas y aireadas y regar las copas durante los meses calurosos. Cuando no se observe una mejoría es necesario acudir a los productos específicos preparados por firmas especializadas.

Oídio o mal blanco

Es una enfermedad provocada por hongos que ataca a las rosáceas en general, pero también a las encinas, los avellanos y los arces. Se manifiesta en las hojas y en las ramas jóvenes. Es, además, un índice de debilidad de la planta. Se combate con azufre en polvo o soluble. Los tratamientos son semanales durante el tiempo del mayor desarrollo del hongo. Es posible actuar preventivamente en primavera con anticriptogámicos a base de azufre.

Sequedad

Se manifiesta en forma benigna con la sequedad de los bordes de las hojas y, en forma más grave, con la muerte, en brevísimo espacio de tiempo, de las ramas importantes o de toda la planta. Ataca con frecuencia a los arces palmados. Como medida preventiva es conveniente utilizar un terreno ácido y evitar a la planta violentos cambios de temperatura o humedad.

En cualquier caso, ante la aparición de los primeros síntomas, es indispensable desinfectar la tierra para evitar que se pudran las raíces.

TÉCNICAS DE REPRODUCCIÓN

Reproducción sexual

Sólo tiene lugar en las plantas con flores. Es típica de las plantas anuales, bianuales y perennes.

Este tipo de reproducción da origen a la semilla. A partir de ella se desarrolla la *plántula*, que con las sustancias nutritivas que contiene sobrevivirá hasta que sea autosuficiente la nueva plantita.

Reproducción vegetativa

Es la posibilidad de propagación que todas las plantas poseen por medio de los órganos vegetativos (raíces, yemas, hojas). La importancia de este tipo de reproducción consiste en el hecho de que los descendientes conservan, invariables, todas las características del progenitor. Utilizando este método se eliminan todas las causas de variación genética y es posible repetir, hasta el infinito, los caracteres de un individuo.

La reproducción vegetativa puede tener lugar en distintas formas.

— *Por estolones*

Típica de las fresas en las que una yema, llevada lejos de la planta madre por un tallo rastrero, se desarrolla dando lugar a una nueva planta.

— *Por yemas*

Son nuevos elementos que se desarrollan al pie de la planta madre y que muy pronto emiten raíces propias y se convierten en plantas autónomas.

— *Por propagación*

Generalmente se trata de una rama de la planta que, tocando en el suelo, emite raíces. En este tipo de propagación se puede incluir el acodo, muy utilizado en el arte bonsai.

— *Por separación*

Típica de bulbos y tubérculos.

— *Por división*

De los rizomas, como ocurre en la *Iris germanica*, el bambú, las raíces tuberosas de las dalias, etc.

— *Por vástagos*

De raíz para el acanto, de rama para la rosa, la forsitia, el geranio; de hoja para la *Begonia rex* o para la violeta africana.

— *Por injerto*

En las rosas el injerto se efectúa en la raíz, en las coníferas en el pie; en los árboles frutales se practica en la copa; en las mimosas se hace por aproximación; en los rosales y en los árboles frutales en yema.

CALENDARIO DE LABORES

Primavera

Se efectúan los trasplantes, la poda de las caducifolias, los tratamientos antiparasitarios preventivos y los primeros abonos. Para las caducifolias los *trasplantes* se efectúan cuando las yemas se hacen turgentes y son periódicos: cada dos o tres años para las plantas jóvenes, cada cuatro o cinco para las más viejas, que ya han alcanzado el equilibrio de adultas.

Las coníferas no soportan demasiado bien los trasplantes, que ha de tener lugar cada tres-cinco años para las plantas jóvenes y cada cinco-siete para las plantas más viejas.

En el trasplante la sustitución de la tierra es parcial y no necesariamente se ha de usar una maceta de mayores dimensiones. Se separan 2-3 cm externos del amasijo radical, y se sustituyen por tierra nueva; las plantas que no se trasladen de maceta han de ser abonadas.

La *poda* es drástica o de contención-limpieza para las caducifolias; no se realiza en las coníferas. En la poda el corte oblicuo se dirigirá, preferentemente, hacia arriba y la yema restante apical hacia abajo.

Para los árboles de flor la poda y el trasplante se efectúa cuando ya ha tenido lugar la floración. En la primavera adelantada se da forma a los pinos y a los jóvenes brotes de los abetos, antes del alargo y distanciamiento de las agujas.

Es conveniente, cuando aparezcan las yemas, efectuar una *desinfestación preventiva* con antiparasitarios de amplio espectro de acción. En el caso de que el año anterior hayan hecho su aparición enfermedades criptogámicas, es indispensable desinfectar la tierra con azufre soluble u otros productos a base de cobre.

Verano

Es indispensable que las plantas no sufran excesivos cambios de temperatura ni humedad; algunas especies (arces y alerces) tienen que situarse en dirección al norte. El *riego* debe hacerse por la noche. El aire debe de circular bien tanto por la maceta como por la copa.

A finales del verano se ha de *abonar* con un producto rico en fósforo y en potasio y se podan los largos vástagos de las plantas de flores y frutos.

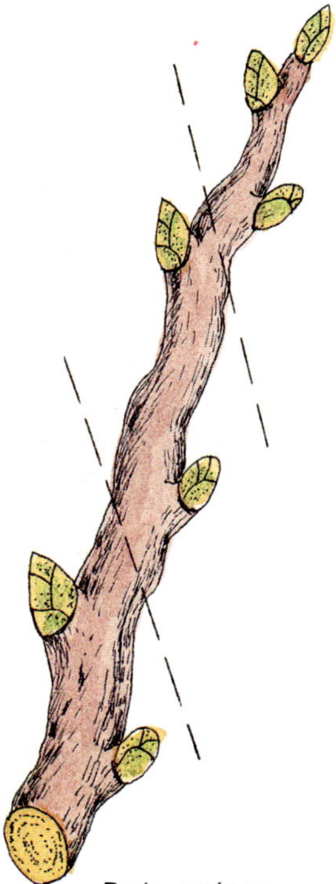

Poda errónea

Poda correcta

En esta misma época se *podan las coníferas*, que puede ser drástica o de contención. En las ramas podadas se dejan, sin embargo, algunas agujas: en la axila de éstas se activarán las yemas durmientes.

Otoño

Pueden aparecer enfermedades micóticas, cuyas esporas, al caer en la tierra con las hojas se desarrollarán en la sucesiva primavera. En este caso resulta muy útil la desinfestación primaveral.

Se pueden *abonar* también las coníferas, que continúan su actividad de absorción radical.

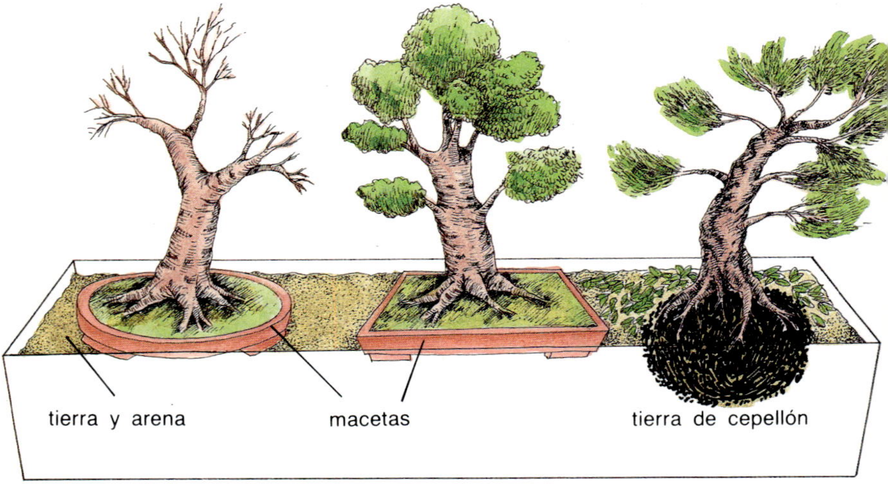

Cómo defender los bonsai durante el invierno

Invierno

No se deben proteger dentro de la casa los bonsai, pero sí *proteger la maceta del hielo*. No sólo para evitar la eventual ruptura del recipiente, sino sobre todo para no dañar los capilares y los pelos radiculares.

Los *riegos* se han de *espaciar* (semanales) y deben hacerse por la *mañana*, pero no eliminarlos, porque la tierra ha de permanecer húmeda. Es útil *enterrar las macetas* en tierra o arena, en el jardín o en cajones, preferentemente en posición dirigida al norte, protegiendo la base del tronco con hojas secas y dejando la copa al aire. La posición hacia el norte impide un eventual despertar de las plantas debido a las precoces tibiezas primaverales, casi siempre seguidas por heladas nocturnas extremadamente perjudiciales.

La planta descansa bajo la nieve y, en la primavera, tendrá toda la fascinación del despertar.

ESPECIES MÁS USADAS COMO BONSAIS

Aliso (*Alnus glutinosa*)

Altura 70 cm en maceta azul rectangular.

Árbol: en la naturaleza alcanza y supera los 20 m.

Flores: amentos masculinos e inflorescencias femeninas en inflorescencias de forma similar a las piñas.

Hojas: redondeadas, de bordes dentados con nervaduras paralelas.

Reproducción: por semilla, vástagos, acodo.

Altura bonsai: de 40 cm para arriba.

Riego: muy abundante y cotidiano.

Exposición: a la sombra.

Impostación: exclusivamente por podado invernal.

Enfermedades: cochinilla, aleurodidos, afidios.

Poda: en invierno.

Trasplante: poco frecuente.

Estilo: erecto casual, cepa, árboles en grupo.

Tipo de tierra: universal.

Carpe (*Carpinus japonica*)

Altura 35 cm en recipiente ovalado beige. Bosquecillo.

Árbol: en la naturaleza alcanza los 15 m.

Flores: masculinas y femeninas en inflorescencias.

Hojas: con numerosos nervios y bordes aserrados.

Frutos: los amentos femeninos son brácteas dentadas que protegen la semilla verde-rosa.

Reproducción: mediante semilla.

Altura bonsai: a partir de 10 cm.

Riego: cotidiano en el período vegetativo.

Exposición: soleada.

Impostación: en primavera, antes de la apertura de las hojas.

Enfermedades: cochinilla, afidios.

Poda: primaveral.

Trasplante: bastante frecuente.

Estilo: erecto formal, casual, sobre roca, árboles en grupo.

Tipo de tierra: neutra-ácida.

Carpe (*Carpinus laxiflora*)

Altura 45 cm en recipiente beige.
A la izquierda: *Iris germanica.*

Castaño (*Castanea sativa*)

Altura 55 cm en recipiente rectangular gris-azulado.

Árbol: en la naturaleza alcanza los 30 m.

Flores: amentos masculinos que en la base tienen cinco-seis flores femeninas.

Hojas: grandes, ovaladas y aserradas; amarillas en otoño.

Frutos: cúpulas espinosas.

Reproducción: por semilla.

Altura bonsai: superior a los 60 cm.

Riego: cotidiano en el período vegetativo.

Exposición: a media sombra.

Impostación: invernal, sólo mediante poda.

Enfermedades: afidios.

Poda: en invierno.

Trasplante: poco frecuente.

Estilo: erecto casual, cepa.

Tipo de tierra: neutra-ácida.

Roble (*Quercus robur*)

Altura 35 cm en recipiente rectangular azul. Hierba de compañía: enebro (*Juniperus pungens*).

Árbol: en la naturaleza alcanza los 30 m y 800 años de vida.
Flores: masculinas y femeninas.
Hojas: lobuladas rojizo-marrón en otoño, permanecen hasta la primavera.
Fruto: bellota.
Reproducción: por semilla.
Altura bonsai: superior a los 50 cm.
Riego: cotidiano en la época estival.
Exposición: soleada.
Impostación: por poda en invierno.
Enfermedades: cochinilla, oídio.
Trasplante: no muy frecuente.
Estilo: erecto casual, de grupo, cepa.
Tipo de tierra: universal.

Abeto rojo (*Picea abies*)

Altura 80 cm en maceta ovalada no esmaltada.

Árbol: en la naturaleza puede alcanzar los 35 m.
Flores: masculinas y femeninas.
Hojas: agujas duras y puntiagudas.
Fruto: conos largos.
Reproducción: por semilla.
Altura bonsai: superior a los 20 cm.
Riego: Cotidiano en los meses de verano.
Exposición: soleada.
Impostación: finales de agosto.
Enfermedades: cochinilla, arañita roja.
Poda: verano avanzado.
Trasplante: poco frecuente.
Estilo: erecto formal, árboles en grupo.
Tipo de tierra: cualquier compuesto.

Arce (*Acer buergerianum*)

Altura 50 cm en recipiente ovalado no esmaltado.
Hierba de compañía: saxifraga (*Sempervivum montanum*).

Árbol: en la naturaleza alcanza los 10-15 m.
Flores: poco aparentes, en inflorescencias.
Hojas: palmadas, caducas, en otoño amarillo-oro.
Frutos: alados, péndulos (sámara).
Reproducción: por semilla.
Altura bonsai: superior a los 30 cm.
Riego: cotidiano durante el período vegetativo, espaciado en el invierno.
Exposición: a media sombra.
Impostación: en primavera, antes de abrirse las yemas.
Enfermedades: cochinilla, oídio.
Poda: incluso drástica.
Trasplante: más frecuente en el árbol joven.
Estilo: erecto casual, sobre roca, erecto formal, batido por el viento.
Tipo de tierra: neutra-ácida.

Arce (*Acer campestre*). Altura 35 cm en maceta azul. Hierbas de compañía: saxifraga (*Saxifraga cuneifolia*) (foto I. Formentini)

Arce (*Acer campestre*) Altura 40 cm sobre una roca. Hierba de compañía *Rhodiola rosea* (foto de I. Formentini)

Arce (*Acer palmatum*). Altura 40 cm en maceta rectangular gris (foto de I. Formentini)

Arce (*Acer palmatum*). Altura 45 cm en maceta azul. Hierba de compañía: tomillo marítimo (*Thymus vulgaris*) (foto de I. Formentini)

Arce (*Acer palmatum*)

Altura 75 cm en recipiente rectangular azul.

Granado (*Punica granatum*)

Altura 35 cm en maceta azul.
Hierba de compañía: silene montana (*Silene rupestris*).

Árbol: en la naturaleza puede alcanzar una altura media de 5 m.
Flores: anaranjado fuerte y muy vistosas.
Hojas: caducas, lanceoladas de tamaño mediano.
Reproducción: por semilla y acodo.
Altura bonsai: superior a los 15 cm.
Riego: cotidiano durante el verano.
Exposición: soleada.
Impostación: en primavera con anterioridad a la apertura de las yemas.
Enfermedades: afidios, cochinilla.
Trasplante: frecuente.
Estilo: erecto casual, en troncos múltiples enrollados.
Tipo de tierra: universal, calcárea.

Haya (*Fagus crenata*)

Altura 45 cm en recipiente azul opaco.

Árbol: en la naturaleza alcanza los 30 m.
Flores: masculinas y femeninas en la extremidad de los vástagos.
Hojas: ovaladas puntiagudas, con cinco-nueve nervios en pareja.
Frutos: cúpula que libera aquenios en octubre.
Reproducción: por semilla.
Altura bonsai: superior a los 30 cm.
Riego: cotidiano en el período vegetativo.
Exposición: a pleno sol.
Efermedades: cochinilla, piojo lanudo.
Poda: primaveral, anterior a la apertura de las yemas.
Trasplante: frecuente en el árbol joven.
Estilo: erecto formal, casual, árboles de grupo.
Tipo de tierra: neutra-ácida.

Haya (*Fagus crenata*)

Altura 45 cm en recipiente ovalado beige.
A la izquierda: arándalo rojo (*Vaccinium vitis-idaea*).

Alerce (*Larix decidua*)

Altura 55 cm en maceta gris.
Hierba de compañía: *Silene acaulis* y helecho.

Árbol: en la naturaleza alcanza los 30 m.
Flores: inflorescencias masculinas y femeninas.
Hojas: en aguja, caducas, de color amarillo en otoño.
Frutos: conos marrones.
Reproducción: por semilla.
Altura bonsai: superior a los 40 cm.
Riego: no abundante pero constante.
Exposición: a pleno sol en primavera, al norte en julio-agosto.
Impostación: en primavera o en el verano avanzado.
Enfermedades: piojo lanudo, arañita roja.
Poda: durante el invierno o a finales del verano.
Trasplante: poco frecuente.
Estilo: erecto casual, inclinado, batido por el vieno, cascada, postrado.
Tipo de tierra: universal o más bien ácida.

Morera (*Morus nigra*)

Altura 20 cm en maceta ovalada verde.
Hierba de compañía: *Acer platanoides*.

Árbol: en la naturaleza llega a los 9-10 m.
Flores: inflorescencias masculinas y femeninas.
Hojas: lobuladas irregularmente, acorazonadas.
Frutos: moras.
Reproducción: por semilla o acodo.
Altura bonsai: superior a los 15 cm.
Riego: cotidiano durante el período vegetativo.
Exposición: a media sombra.
Impostación: **exclusivamente con poda.**
Enfermedades: cochinilla, oídio, afidios.
Poda: drástica en primavera y de contención sucesivamente.
Trasplante: bastante frecuente.
Estilo: erecto casual, en escoba.
Tipo de tierra: universal.

Murraya (*Murraya exotica*)

Altura 45 cm en maceta china.
Hierba de compañía: saxifraga (*Saxifraga cuneifolia*).

Árbol: en la naturaleza alcanza una altura máxima de 10 m.
Flores: semejantes a las de los agrios.
Hojas: persistentes, alternas, imparipinnadas.
Frutos: redondeados y de color rojizo.
Reproducción: por acodo.
Altura bonsai: superior a los 40 cm.
Riego: cotidiano en el período vegetativo y en el invierno si está en el interior de la casa.
Exposición: a pleno sol.
Impostación: es preferible la poda a efectuarla con alambre.
Enfermedades: clorosis (falta de hierro).
Poda: en período de reposo.
Trasplante: no muy frecuente.
Estilo: erecto casual, inclinado.
Tipo de tierra: ácida (óptima la tierra de brezo).

Olmo (*Ulmus campestris*)

Altura 40 cm en recipiente ovalado beige.
Hierba de compañía: *Iris germanica*.

Árbol: en la naturaleza llega a los 30 m.
Flores: hacen su aparición antes que las hojas.
Hojas: **tamaño variable, ovales y de vivos colores.**
Frutos: de forma aplanada; contienen la semilla en el ápice.
Reproducción: por semilla, acodo, vástago.
Altura bonsai: superior a los 10 cm.
Riego: abundante y cotidiano.
Exposición: media sombra o sol.
Impostación: en primavera, antes de la apertura de las yemas.
Enfermedades: virosis, afidios, arañita roja.
Poda: preferentemente en primavera.
Trasplante: frecuente.
Estilo: erecto casual, árboles de grupo.
Tipo de tierra: universal.

Manzano (*Malus communis*)

Altura 90 cm en maceta ovalada, no esmaltada.

Árbol: en la naturaleza alcanza los 6-9 m.
Flores: grupos de cuatro-seis flores grandes de cinco pétalos amarillos.
Frutos: manzanas amarillas.
Reproducción: por semilla, acodo, vástago, injerto.
Altura bonsai: superior a los 10 cm.
Riego: cotidiano en el período vegetativo.
Exposición: a media sombra.
Impostación: en el período invernal, mediante poda.
Enfermedades: cochinilla, oídio, arañita roja, afidios.
Poda: drástica en el período invernal; de contención en agosto.
Trasplante: frecuente en los árboles jóvenes.
Estilo: erecto formal, casual, de grupo.
Tipo de tierra: universal.

Manzano (*Malus sieboldii*)

Altura 60 cm en recipiente ovalado verde claro.

Espino (*Crataegus pyracantha*)

Altura 50 cm en un recipiente verde rectangular.
Hierba de compañía: helecho.

Arbusto: alcanza en la naturaleza 3-4 m de altura.
Flores: blancas, de cinco pétalos, reagrupadas en corimbos.
Hojas: bayas rojas o amarillas.
Reproducción: por semilla o vástago.
Altura bonsai: superior a los 10 cm.
Riego: regular y cotidiano.
Exposición: soleada.
Impostación: mediante poda o con alambre.
Enfermedades: afidios, cochinilla.
Poda: drástica en la primavera.
Trasplante: frecuente en las plantas jóvenes.
Estilo: erecto casual, sobre roca, en cascada.
Tipo de tierra: incluso calcárea.

Sagеretia (*Sageretia theezans*)
Altura 30 cm en maceta ovalada verde.

Arbusto: en la naturaleza puede alcanzar 3 m.
Flores: bisexuales, solitarias.
Hojas: **alternas, coriáceas, ovales.**
Frutos: agregado de frutos que producen una masa carnosa.
Reproducción: por semilla o vástago.
Altura bonsai: superior a los 10 cm.
Riegos: cotidianos en verano y en invierno si se halla en el interior de un apartamento.
Exposición: soleada.
Impostación: preferentemente en primavera.
Enfermedades: cochinilla, aleurodidos, afidios.
Poda: en cualquier momento.
Trasplante: bastante frecuente.
Estilo: erecto casual, árboles de grupo.
Tipo de tierra: ácida.

Viburno «bola de nieve» (*Viburnum opulus*)

Altura 55 cm en maceta ovalada azul.

Arbusto: en la naturaleza alcanza los 5 m.
Flores: agrupados en inflorescencias umbeliformes, de un blanco puro.
Frutos: bayas rojas, venenosas.
Reproducción: por semilla, vástago o acodo.
Altura bonsai: superior a los 30 cm.
Riegos: regulares en el período vegetativo.
Exposición: media sombra.
Impostación: a últimos de invierno.
Enfermedades: oídio, cochinilla, afidios.
Poda: a finales de invierno.
Trasplante: poco frecuente.
Estilo: erecto casual, cepa.
Tipo de tierra: universal.

ÍNDICE DE ESPECIES TRATADAS